Yellow Umbrella Books are published by Capstone Press,
151 Good Counsel Drive, P.O. Box 669, Mankato, Minnesota 56002.
www.capstonepress.com

Library of Congress Cataloging-in-Publication Data
Jackson, Abby.
    [Making money. Spanish]
    Haciendo dinero / por Abby Jackson.
    p. cm.—(Yellow Umbrella: Social Studies - Spanish)
    Includes index.
    ISBN 0-7368-4178-4 (hardcover)
    1. Money—Juvenile literature. 2. Money—United States—Juvenile literature. I. Title.
II. Social Studies (Mankato, Minn.)
HG221.5.J3318 2005
332.4—dc22   2004052989

Summary: Simple text and photographs introduce the purpose of money, how old coins
and paper money are disposed of, and how new money is made.

Editorial Credits
Editorial Director: Mary Lindeen
Editor: Jennifer VanVoorst
Photo Researcher: Wanda Winch
Developer: Raindrop Publishing
Adapted Translations: Gloria Ramos
Spanish Language Consultants: Jesús Cervantes, Anita Constantino
Conversion Editor: Roberta Basel

Photo Credits
Cover: PhotoLink/Photodisc; Title Page: DigitalVision; Page 2: PhotoLink/Photodisc;
Page 3: Russell Illig/Photodisc; Page 4: Richard Harris/Index Stock Imagery; Page 5: Rim
Light/PhotoLink/Photodisc; Page 6: Ryan McVay/Photodisc; Page 7: Ed Castle/Folio, Inc.;
Page 8: PhotoLink/Photodisc; Page 9: James Leynse/Corbis Saba; Page 10: DigitalVision;
Page 11: Bureau of Engraving and Printing/Department of the U.S. Treasury; Page 12:
Bruce Leighty/The Image Finders; Page 13: Photo courtesy of the U.S. Mint; Page 14:
Photo courtesy of the U.S. Mint; Page 15: Photo courtesy of the U.S. Mint; Page 16: Ryan
McVay/Photodisc

1 2 3 4 5 6 10 09 08 07 06 05

Haciendo dinero

por Abby Jackson

Consultant: Dwight Herold, Ed.D., Past President,
Iowa Council for the Social Studies

Yellow Umbrella Books

Social Studies - Spanish

an imprint of Capstone Press
Mankato, Minnesota

Necesitamos dinero

Hay cosas que necesitamos para vivir. También hay cosas que queremos.

La mayoría de estas cosas
no son gratis. Tenemos
que pagar dinero por ellas.

La comida y la ropa cuestan
dinero. Los juguetes cuestan
dinero. Hasta un viaje
en el autobús no es gratis.

La gente trabaja para ganar
dinero. A veces ahorran
su dinero. Otras veces usan
su dinero para comprar cosas.

Dinero viejo

El dinero se pasa de persona
a persona. A veces el dinero
se hace viejo y se desgasta.

¿Qué le pasa al dinero que está desgastado? Máquinas grandes rompen el dinero de papel en pedacitos.

THIS PACKAGE CONTAINS SHREDDINGS OF

$150

IN GENUINE UNITED STATES CURRENCY PRINTED AT THE BUREAU OF ENGRAVING AND PRINTING WASHINGTON, D.C.

Las monedas duran más tiempo
que el dinero de papel. Cada
moneda tiene una fecha que muestra
cuando se hizo. Es raro encontrar
una moneda muy vieja.

El gobierno hace dinero nuevo
para tomar el lugar
del dinero viejo.

Haciendo dinero

A lo que llamamos dinero de papel no está hecho de papel. Está hecho de algodón y tela de lino.

El dinero de papel está impreso
en un lugar especial.
Cuando los billetes están listos,
se llevan al banco.

Las monedas se hacen en otro lugar. Un lugar que hace monedas se llama una casa de moneda.

Las monedas empiezan como grandes hojas de metal. Entonces, se sacan del metal círculos pequeños.

Después, palabras y dibujos
son estampados en las monedas.
Los trabajadores revisan
las monedas para ver si hay errores.

Las monedas se ponen en bolsas grandes. Las bolsas se llevan a los bancos.

¡El dinero va del banco a ti!
¿Qué haces con tu dinero?

Glosario/Índice

(el) algodón—hilo o tela que se fabrica con la borra llamada algodón; página 10

(el) banco—lugar donde se ejercen operaciones fiancieras; páginas 11, 15, 16

(el) billete—dinero en forma de papel; página 11

ganar—adquirir u obtener algo con trabajo; página 5

(el) gobierno—grupo de organismos politicos y personas que dirigen un país; página 9

(el) lino—planta de flores azules grandes y vistosas, que se cultiva en zonas templadas; página 10

(la) moneda—pieza de metal acuñada, generalmente redonda, que sirve de medida común para el precio de las cosas; páginas 8, 12, 13, 14, 15

raro—especial; extraordinario por lo poco frecuente; página 8

trabajar—tener una ocupación, oficio o profesión; página 5

Word Count: 255
Early-Intervention Level: 12